AF263600

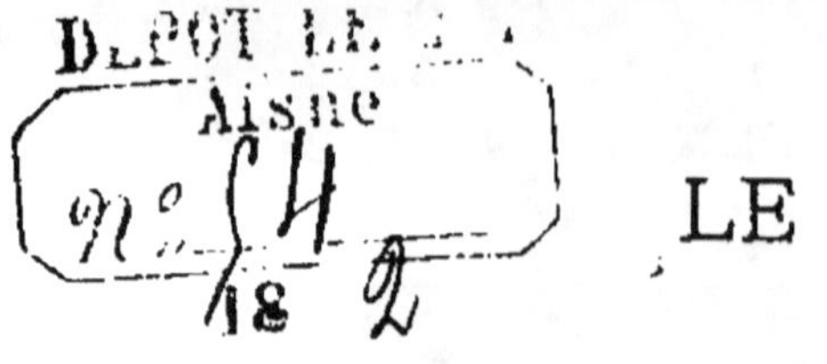

LE

SPECTRE

BLANC

PAR

UN SOLITAIRE

———⟡———

SAINT-QUENTIN

IMPRIMERIE JULES MOUREAU

—

1872

1° *Depuis 89;*
2° *Les Partis.*
3° *Aneries.*
4° *Tartufes.*
5° *Naïfs.*
6° *Badauds.*
7° *Contrat.*
8° *Conclusion.*

PROLOGUE.

Défenseur de la vérité, enfant de la France, nous ne voulons que le triomphe du droit et de notre mère; la restauration de l'édifice social sur la terre ferme des principes.

C'est travailler ainsi au rétablissement de l'ordre compromis, au bonheur, à la prospérité de notre malheureuse patrie !

FAXIT.

La France faite par ses Rois.

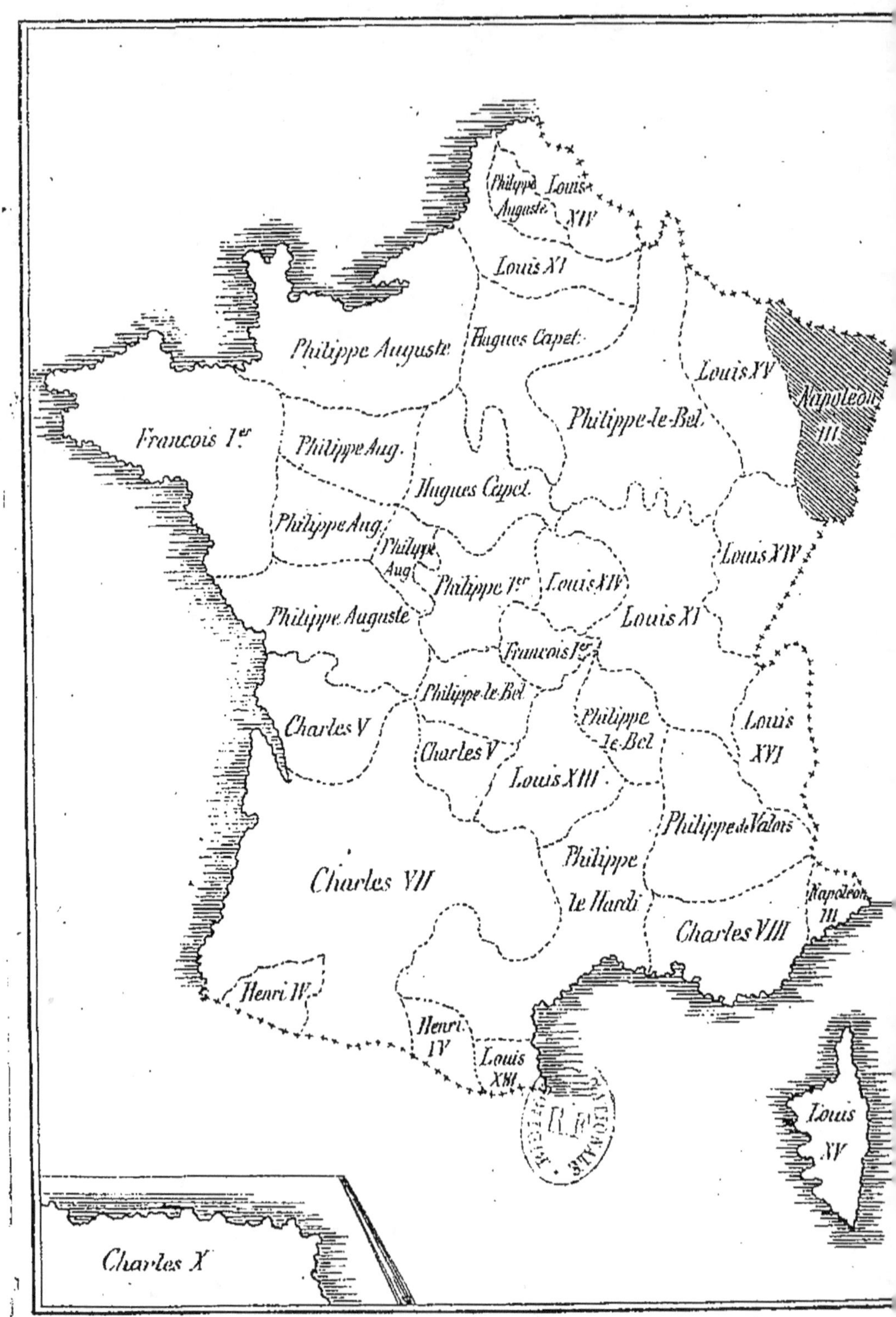

LE SPECTRE BLANC

Depuis 89.

Un coup d'œil sur la carte d'Europe nous révèle ce fait instructif :

Tous les grands États ont une monarchie héréditaire.....

Autriche, Prusse, Russie, Angleterre...

Depuis 89, la France a prétendu rompre avec son passé pour essayer du nouveau... elle a rencontré le désordre, le malheur, les secousses, les ruines !

Les fameux principes n'étaient que le cri de guerre contre la société et Dieu qui en est la base.

La formule était sonore, séduisante, vague.

Le monstre, pour mieux faire sa lugubre besogne, s'était affublé d'oripeaux.... Les naïfs et les badauds ont été victimes, les Tartufes révolutionnaires ont triomphé par la main du bourreau....

Lisez l'histoire....

Les voilà enrichis, fêtés, carossés, décorés, immortalisés, engraissés...

Ce sont des traîtres et des scélérats applaudis par des lâches!

Le beau métier de plumer, manger les oisillons et de prendre les allouettes au miroir!

On a recommencé de plus belle !

Les comédiens du 4 septembre ne sont que les continuateurs, la doublure des hommes de 89..... La race en est un peu dégénérée, le sang révolutionnaire est appauvri, mais il en reste assez pour arroser encore les veines de nos pygmées....

L'appétit n'a pas diminué, on le dit même en progrès.

Les Marat, Danton, Robespierre, avaient de l'inspiration dans l'espèce, des éclairs sortis de l'enfer, du grandiose dans la scélératesse.... Nos histrions et nos avocats ne sont que des pleutres cyniques, des libertins de bas étage... N'est-il pas vrai — Favre-Laluyé ? — Cependant le 4 septembre nous a donné la Commune et quelques-uns des communards ont fait penser à ce mot féroce d'Héliogabal :

« Je voudrais que le genre humain n'eût qu'une tête pour l'abattre d'un seul coup. » Le jeune monstre de 25 ans, Rigault, voulait, disait-il, « éventrer la religion et décapiter Dieu..... »

Comme on le voit les enfants surpassaient les pères en haine et en rage....

Ainsi se poussent, depuis un siècle, toutes nos générations; elles se heurtent et se brisent comme des flots soulevés par la tempète, ou comme ces wagons, sortis de leur ornière, entassés, culbutés, broyés, anéantis...

Telle est la France, pour avoir déchaîné l'ouragan, provoqué la foudre, déraillé des principes éternels !

L'Europe nous regarde et sourit ; le Français s'entète et ne veut pas comprendre !

Périssent la société et Dieu... plutôt que les immortels principes.

Pauvre France ! Pauvre France !

Tu veux donc mourir de ta propre main...

Les Partis.

Voltaire disait à un intime : « Nul n'aura d'esprit que nous et les nôtres. »

Ainsi pensent tous les partis.

Le secret n'est pas nouveau et ne varie guère.

Il **est** élémentaire, accessible à une tête d'enfant;
en deux mots, faire ressortir, exagérer les côtés
faibles de son adversaire, mettre en lumière et
flatter quelque peu les avantages de sa petite
chapelle religieuse ou politique. — On montre
la rose, on cache les épines.

A l'heure présente la France est déchirée par les
coteries ambitieuses qui se disputent son honneur
et sa bourse pour s'enrichir et paraître... c'est la
cupidité et l'orgueil drapés dans je ne sais quel
manteau de civisme bâtard qui ne fait de dupes
que parmi les ingénus et les sots !

Je ne parle pas des légitimistes, royalistes
comme le roi, ni plus, ni moins, ni mieux, comme
le disait naguère un député catholique: non, ces
défenseurs du droit ne sont pas plus un parti
que la religion catholique n'est une secte... la
vérité ne se morcelle pas, elle est une, identique,
invulnérable ; l'erreur seule se divise à l'infini...
ici c'est le parti catholique, le parti libéral; là, la
petite église, la boutique des vieux de Munich,
etc., etc.

Donc il n'est point question des légitimistes....
légitimes et de race...

Les partis en France, en l'an de grâce 1872,
se nomment Orléanistes, Bonapartistes, Républicains... Républicains modérés, honnêtes !,
comme on dit, Républicains démocrates, sentant
e pétrole, etc., etc.

Or, voici l'idée-mère qui fermente dans toutes ces

têtes plus ou moins dévouées à la chose publique..... « S'enrichir et jouir » en promettant, sous couleur de patriotisme, de faire refleurir en France cet arbre merveilleux du progrès, dont les branches s'appellent agriculture, commerce, industrie, etc.

Le tout par l'ordre....

Lisez le journal de M. Duvernois, ex-ministre, et vous conclurez au retour des Bonaparte.

De l'ordre, disent les d'Orléans, vous en aurez, et par l'ordre la richesse. — Rappelez-vous le souvenir à jamais glorieux de ce règne incomparable qu'on a bien nommé l'âge d'or des temps modernes. — Le règne immortel de Louis-Philippe !

Et quel temps fut jamais plus fertile.... en écus.

La République vous minerait, c'est le désordre!

Napoléon vous a trahi et saigné aux quatre veines!

Henri V est impossible, impossible car Thiers l'a dit. — On n'en veut pas. — Il placerait le ciel avant la richesse, Dieu avant le pot-au-feu !

Et la République de protester au nom des patriotes.

« Je suis le gouvernement à bon marché, et ce qui nous divise le moins... L'avénement d'un

roi serait le signal de la guerre. L'histoire est là,
ces tyrans s'engraissent des sueurs et du sang des
peuples... Ainsi ont pensé et parlé tous les grands
politiques depuis Luther jusqu'à moi ! »

Comme on le voit, chaque parti ne veut que le
bonheur des citoyens et la prospérité de la patrie; le tout avec des mots retentissants, fascina-
teurs. — C'est là, comme on peut le conjecturer,
une entreprise des plus lucratives, un métier
incomparable de trafiquants de paroles pour faire
sa fortune...

On affirme que les phraseurs du 4 septembre
sont aujourd'hui de grands seigneurs et jouent
au prince à ravir....

Ils l'ont bien gagné !..... les ignobles farceurs !

Aneries.

Le maître répétait encore. « Mentez, mentez,
il en restera quelque chose.. »

« La piperie des mots, » disait Montaigne, et en
un quart d'heure d'épanchement, Voltaire ajou-
tait en parlant du peuple : «Le peuple a besoin
de foin et d'aiguillon. » Telles sont les aménités
ducru du jongleur de Ferney, à l'endroit de
son ami dévoué.

Chaque parti, débite donc au public, bon enfant, ses sornettes, ses vieilles rengaines, son gros sel.., à l'instar du charlatan qui pérore sur la place publique devant la foule ébahie, pour vendre ses drogues et gagner quelques sous....

La parole est aux Bonapartistes... écoutez, candides enfants du spirituel pays de France... on vous dira :

1º Que rappeler Henri, c'est vouloir la guerre, la misère.

2º Si ce prince est honnète... il est attardé... rétrograde.

3º Vouloir replacer le comte de Chambord sur le trône, c'est, du même coup, la lutte avec l'Italie... car on essaiera de purger le pays du soudard, et de rendre au pape son indépendance et ses Etats !

Oyez maintenant MM. de la branche cadette...

Henri V n'a pas de postérité...

Le peuple souverain n'en veut pas, car il rejette en partie le suffrage universel... il se déclare maître absolu, il s'intitule « le Roi...»

Ne sait-on pas ce qu'a proclamé l'Oracle du jour... M. Thiers...

Henri V ne peut rentrer... un obstacle infranchissable se dresse entre lui et le peuple... Le confessionnal !

A vous maintenant, charmante Reine, que l'on nomme République. Un mot sur votre programme futur.

« Mes enfants, je ne veux que le bien de la France...

» Je n'aspire qu'à faire de ce noble pays, une famille de frères... libres, indépendants, égaux :

» Voici ma devise...

» Liberté, Egalité, Fraternité ! »

Liberté, et Henri V vous imposerait le joug... assistance à la messe le dimanche, plus de travail en ce jour... Ses ancêtres faisaient percer la langue aux blasphémateurs avec le fer rouge... ils furent les promoteurs des massacres des Cévennes, de l'inquisition, de la Saint-Barthélemy !...

Ouf ! ouf !

Egalité... je proclame la souveraineté du peuple. « La nation se gouvernant par elle-même, plus de barrière entre le travailleur et le patron, le roturier et le noble, le citoyen et le chef de l'Etat ! et le comte de Chambord de nouveau favoriserait la noblesse, le clergé !... ce serait l'ère de l'esclavage, de la dîme, des droits du Seigneur... etc., etc.

Ainsi parlent, pérorent, gasconnent, jacassent coassent, hurlent, avocassent... et mentent... tous ces Rabagas, ces hâbleurs-histrions... ces tartufes!

Pauvres oisillons...

Les otages de la Roquette lisaient, sur les murs de la prison ce badigeon dérisoire... Liberté...

Oui, liberté de l'esclave,

Egalité de misère,

Fraternité de Caïn !...

Tartufes.

Les comédiens, avant de monter sur les tréteaux, se drapent et se griment pour jouer leur rôle et faire illusion au parterre... Ainsi, en est-il de nos drôles politiques... Toupet, nez, voix, perruque. Tout est faux...

On parle courage, dévouement, honneur, patriotisme, etc., etc.

Un spécimen du genre, en la personne de J. Favre, faussaire, adultère, *pas un pouce*,... et du nouveau Seigneur de La Manche, l'illustre Don Quichotte de Tours et de Bordeaux...

« Paris, 4 septembre 1870.

» Frr.... Français !

» En acceptant le pouvoir dans un tel danger de la patrie, nous avons accepté de grands périls et de grands *devoirs*...

» Nous ne sommes pas au pouvoir, mais au *combat*.

» Nous *n'avons qu'un but*, une *volonté !*

» Le *Salut de la Patrie*...

» Jules FAVRE,
» GAMBETTA,
» ROCHEFORT, etc. »

« Avocats, disait Napoléon, tas de bavards,

artisans de révolutions. » Et on a écouté ce fatras sans indignation et sans représailles !

Ah ! si on avait vu ces intrigants rire dans les coulisses et exploiter la France frappée à mort!...

On sait ce qui advint, il fallait s'y attendre... Dieu en nous livrant à ces semeurs de paroles, laissait sa justice achever son œuvre...

« Israël, je te donnerai des enfants, des insensés, des efféminés, pour maîtres ? ce sera ma vengeance ! »

Et maintenant quel nouveau César avons-nous ?

Eugène de Mirecourt le peint en quelques mots humiliants, pour lui et pour nous...

« Nous avons beau retourner cette physiono-
» mie étrange, et l'éclairer de mille façons pour
» y trouver la moindre dignité, la moindre gran-
» deur.

» Un jour, l'histoire se demandera quelle na-
» tion imprudente a osé confier ses destinées à
» cet écolier jaseur. »

« Le Renard, dit Buffon, est fameux par ses ruses : ce que le loup fait par la force, il le fait par adresse, il réussit plus souvent.

» Sans chercher à combattre les chiens, il est plus sûr de vivre....

» Fin autant que circonspect, ingénieux et prudent, même jusqu'à la patience, il varie sa conduite, il a des moyens de réserve qu'il sait n'employer qu'à propos...

» Il veille de près à sa conservation, il sait se mettre en sûreté... C'est le roi de la finesse... »

Notre renard politique a ses ruses aussi, multiples, variées à l'infini.

L'Empire agissait par la force, lui, emploie l'adresse et réussit mieux jusqu'ici...

Il ne veut pas combattre l'Assemblée qui est souveraine, il fait appel à son patriotisme, lui parle des malheurs de la France, s'apitoie sur le deuil de la patrie ; on dit même qu'il a versé des larmes... puis un appel chaleureux à l'union, au désintéressement ! à la prudence ! notre édifice social est si frêle, si chancelant, la moindre secousse peut l'ébranler... au nom de vos intérêts les plus chers... au nom... la scène est jouée, le tour est fait, la Chambre escamotée... Un vote de confiance universel clot la séance... La victoire est complète...

D'autres fois, notre ingénieux et prudent Mirabeau changera de tactique ; il fait le mécontent, l'indigné... il boude... il menace... c'est Adolphine dénouant les cordons du tablier et disant à Madame... « Si vous ne voulez plus de mes services, je me retire. »

Ainsi donc, M. Thiers qui a formulé, je pense, le programme, le credo parlementaire de la monarchie constitutionnelle : « Le roi gouverne et ne règne pas, » sait admirablement commander, en déclarant de grand cœur que l'Assemblée est souveraine...

Toutefois,

1º Il choisit les ministres en dehors de la majorité ;

2º Nos ambassadeurs sont pour la plupart républicains ;

3º Il gouverne en dépit et contre la majorité.

En un mot, notre Thiers est un Louis XIV au petit pied...

Il n'est pas hostile aux d'Orléans, comme citoyens, mais comme princes aspirant à le supplanter ; ce n'est pas, veuillez le croire, ambition personnelle. égoïsme puéril... non, non... M. le président est trop désintéressé... il redoute les catastrophes pour son cher pays... c'est charmant, patriotique, habile...

Quant à dire au juste ce qu'il en est, je le laisse aux plus habiles : avec les critiques, j'affirme que cet homme de 89 n'a point de principes, fataliste... insaisissable, caméléon, protée..

Achevons par un crayon, une silhouette d'une autre notabilité néfaste !

Gorgias a soixante ans et plus, avocat de talent, qui connaît son mérite et le surfait... il rêve un portefeuille !

Sa physionomie est ouverte, colorée, son regard vif, sensuel, éhonté... reflétant les passions d'un viveur cynique... sa chevelure est abondante, en désordre, hérissée...

Illustre Jules, à qui j'ôte mon chapeau, veuillez me faire l'honneur de répondre à ces petites questions s. v. p.

Etiez-vous convaincu, lorsqu'à la Chambre vous faisiez de l'opposition systématique à l'Empire...

Monsieur...

Oui, quand vous ne vouliez pas, ainsi que MM. Thiers et Gambetta, d'une armée plus nombreuse, pour tenir tète à la Prusse, en cas de guerre...

Mais Monsieur !

J'insiste, oui ou non...

Nous avons enfin délivré la France du tyran...

Je comprends... et au 4 septembre, de quel droit avez-vous licencié la Chambre, grâce aux émeutiers de la rue ?

La patrie était en péril...

Et quels hommes avez-vous donc choisis pour gouverner et défendre le pays menacé ?

Les grands patriotes, les nobles dévouements, les héros !

Vraiment... ils ne l'ont guère prouvé. On a appelé votre gouvernement d'un nom ignoble, et qui paraît mérité. « Démence nationale ! » et votre phrase sonore...

M... vous êtes un réactionnaire vendu à l'Empire, ou au comte de Chambord...

Bien, bien, M. Jules Favre-Laluyé.

Je vous salue !

Vider la caisse de la France, emplir ses poches et brailler !

Les Naïfs.

L'homme vit par la tête surtout, l'enfant par les sens, l'adolescent par le cœur et l'imagination.

Les naïfs sont les perles de l'adolescence ; tout ce qui est beau, séduisant, comme un rêve doré, sourit, dilate le cœur et fait tressaillir... point de nuages sur l'azur du ciel ; des teintes couleur de rose, de la lumière et des zéphirs..... un éden enchanté....

A ces âmes ouvertes à l'illusion, à ces utopistes charmants on présente le tableau de la République de Platon où les perspectives dessinées par Fénelon dans sa République de Salente.... Souvenirs radieux des premiers jours du Paradis et de l'innocence.....

Pour symboliser cette grande et belle chose qu'on appelle la République, on montre aux regards fascinés des naïfs une jeune héroïne à l'attitude noble et souriante, couronnée de fleurs. d'épis dorés et de pampres verdoyants, à la main un caducée, symbole de la paix : parfois, on lui jette un bonnet phrygien sur la tête, un signe d'indépendance... puis sa magique devise : Liberté ! Egalité ! Fraternité !

Le naïf est captivé... la flamme patriotique s'est allumée en son cœur, son imagination est exaltée... il a le délire de la chose. Tartufe, vite à l'œuvre.

L'innocent ne comprend pas l'artifice de ces comédiens-avocats; il est le jouet de leur convoitise et de leur ambition; je ne sais quel mouvement calculé l'abuse, quelle fantasmagorie le captive, une scène d'automates jouant la vie sur des tréteaux le fait tressaillir, battre des mains et verser son argent... Le pauvret ne voit pas les ficelles...

L'oiseleur, pour attirer l'imprudente volatile dans ses filets... cache sous le gazon le réseau perfide ou, pour éblouir, fasciner, endormir l'oiseau qui se balance dans les airs... fait miroiter avec art la surface polie du miroir étincelant. Hélas... Hélas... L'alouette se précipite éperdue, chancelle et tombe.

« ..... Le tour est fait. »

L'aimable oiseleur plume et mange la naïve pécore.

Ainsi fait-on avec vous, chauds partisans de la République; on cache avec des mots sonores, sous cette pelouse verdoyante, le piége qui vous est tendu comme tant d'autres... vous y serez pris, écorchés, mangés, peut-être. On fait scintiller à vos jeunes regards ces phrases à facettes qui reflètent les plus belles couleurs... Vous êtes sous le charme... Le ciel vous paraît empourpré des plus beaux feux de l'aurore. Non,

non, c'est la teinte sinistre sur des nuages qui portent la foudre ! c'est le sang...

Le drapeau rouge !

Adieu le rêve, voici la morne et implacable réalité, la claie avec pointes aigues, l'étau qui sert et qui mord. L'échafaud de 93 !

Les Badauds.

Pour épouvanter les oiseaux, on vous hisse, au beau milieu d'un arbre ou d'un champ de blé, au bout d'un bâton, un large lambeau d'étoffe, bariolé de toutes les couleurs; on y accroche parfois quelques débris de bouteilles cassées ! le tout pour faire peur aux innocents maraudeurs qui voltigent dans les airs.

Ainsi , fait-on à l'endroit du peuple des champs, pour l'épouvanter, lui donner la fièvre. et faire paisiblement sa cueillette d'or, par force emplois lucratifs, honorables, appétissants.

De tout temps, on a signalé comme émérites en ce genre d'exploitation populaire; et friands de places nos fiers et désintéressés républicains.

Ecoutez l'aimable causeur de l'Elysée, ou son ami, dit-on, l'intarissable avocat de Tours et de Bordeaux.

La République est le seul gouvernement possible, progressif, réparateur !...

La monarchie est une vieille idole renversée... une machine grosse de péril... Le cheval de Troye, recélant dans ses flancs... des bataillons armés... La ruine de la France....

Clergé, noblesse, château, presbytère, inquisition, droit du Seigneur. Dîmes, Eglise, messe, confessionnal !...

Le monstre renferme toutes ces horreurs, c'est l'hydre aux cent têtes, — Le lion qui déchire, e serpent qui siffle, le vautour qui dévore, la harpie qui souille, la Méduse qui pétrifie ! et tue !

C'est le Spectre blanc...

Comme on peut le penser, ce gros public ne manque pas de faire chorus à sa manière par un grognement désapprobateur, il salue ces hommes du progrès comme des sauveurs, et passe dans leur camp, sous leur drapeau avec ses bravi avinés !...

C'est un troupeau... de dindons qui fait entendre ses glou glou... à la vue d'une loque rouge... qu'un manant agite devant eux, au sein d'une immense basse-cour !...

J'entendais, l'autre jour, deux campagnards parler politique, je pus saisir cette phrase qui sent la terreur: « Tiens François, Napoléon nous a plumés, la République nous écorchera ! »

Ceci rappelle un peu la lanterne et la guillotine...

A bon entendeur demi-mot.

Mais me direz-vous dans votre loyale franchise...

Ces hommes ne pensent donc pas à l'honneur de la France ?

Que leur importe !

Ils n'ont donc point de conviction pour plaider le pour et le contre, en justice comme en politique.

Que leur importe !

Le bonheur de la Patrie et de ses enfants, ne fait donc pas vibrer leur âme.

Eh ! que leur importe !

Mais la forme de gouvernement devrait les émouvoir un peu moins que tous ces grands intérêts.

Oh, pour le coup, — il leur importe... On ne peut pas s'enrichir sous un gouvernement régulier, honnête, sans honorabilité : il faut exhiber ses titres, faire preuve de capacité.

Mais en République, de l'audace et encore de l'audace...

On jette le filet, la fortune est faite.

On disait jadis en France :

Tout est perdu fors l'honneur, donc rien n'est perdu !

Aujourd'hui, si tout est perdu fors la fortune, rien n'est perdu.

Le XIXe siècle est un siècle d'argent !...

Le sentiment est émoussé, presque éteint.

Le cœur ne bat plus dans des poitrines métalliques ?

Le contrat.

Pourquoi couper la France en deux... avec la hache de 89 ?

Un contrat existe depuis plus de huit siècles, entre la France et la famille des Capet ; la clause fondamentale, essentielle du traité, est celle-ci: Maintien et défense de la religion catholique...

Or, un contrat n'est annulé que du consentement des deux parties ou par la forfaiture à une clause substantielle, constitutive...

Cette clause n'a jamais été violée par les descendants de Charlemagne, de saint-Louis et de Louis XIV : je me trompe. Un seul exemple s'est présenté.,. à l'avénement du Béarnais, depuis Henri IV... Toute la nation s'est levée pour rappeler solennellement au protestant, héritier présomptif, que le trône de France ne sera jamais souillé par un Huguenot... Le pacte fondamental de la loi Salique le proclame... arrière le prétendant...

De là, naquit la Ligue, approuvée par le Pape,

juge suprême des différends, entre la nation et les rois !...

89 a sonné son glas funèbre pour la mort de la France...

Ces hommes sinistres, ont fait appel aux passions pour anéantir le droit, et à la populace. pour décapiter le monarque légitime !

On ne tue pas le droit avec l'injustice, et on ne crée pas la grandeur par la bassesse ! Un édifice dont le ciment est fait de boue et de sang n'est qu'un cachet d'ignominie, une monstruosité. Erostrate s'est immortalisé par la folie, 89 par le délire, la barbarie : c'est le tigre en fureur, la gueule teinte de sang !

Qui donc a contesté au noble rejeton poussé sur cette royale souche la légitimité de son sang !.....

Les ambitieux, les intrigants, les fils de Voltaire et de Bacchus. Pas un seul qui puisse soutenir avec honneur les regards de la postérité.....

Comme Voltaire, leur implacable ennemi et leur juge, c'est l'histoire. Hommes de désordre et de ruines... ils ne furent jamais que d'ignobles avortons....Les enfants de la nuit et de la mort....

Henri V connaît son droit, car il connaît le contrat passé : il est le maître de la maison, il veut y entrer par la porte d'honneur et non par une issue détournée, basse, rampante. Il ne veut pas être le Roi de la Révolution ! Un esclave couronné dans des chaînes d'or !

Louis Philippe d'Orléans lui-même a reconnu le droit héréditaire de la famille royale en 1816 en la personne de Louis XVIII.

« Le principe inexorable de la légitimité est aujourd'hui la seule garantie de la paix en France et en Europe. Revenez à vous-mêmes et proclamez-vous fidèles sujets de Louis XVIII et de ses héritiers naturels, avec l'un de vos princes et de vos concitoyens.

» Paris, 1816.

» Louis-Philippe,
» duc d'Orléans. »

Voici la pensée du comte de Chambord d'après ses manifestes. — Demandes et Réponses.....

Prince, savez-vous tout ce qui se dit en France, à votre endroit ?

Oui...

Etes-vous indigné des colères factices et intéressées des partis?

Non...

Espérez-vous enfin que le droit sera reconnu et triomphera?

Oui...

Ne prendrez-vous pas l'initiative armée, pour ressaisir votre couronne..?

Non, jamais...

Vous connaissez l'exaspération de quelques-uns de vos amis, contre le drapeau blanc?

Oui...

Et vous ne voulez-pas fléchir quelque peu..?

Non...

Vous n'ignorez pas que la fusion serait possible avec le drapeau national ?...

Le drapeau national, c'est celui de la France, celui de Louis XIV et de Henri IV.

Mais, Sire, le drapeau tricolore a sa gloire, il a fait le tour du monde !

Oui, il a fait le tour du monde, comme la Révolution. — Je le répète, je ne veux pas être le Roi de la Révolution...

Et que pensez-vous de la Chambre?

Bonne volonté, mais défaut d'énergie et de foi... On ne compte pas assez sur Dieu. — On ignore l'histoire ! La plupart des royalistes voudraient la fusion....

Non, je ne la veux pas... arrière ce libéralisme absurde... les compromis qui ne sauvent rien et perdent tout... Voilà pourquoi j'arbore le drapeau blanc... C'est une protestation contre l'iniquité de 89, et une affirmation solennelle de mon droit héréditaire... En ce sens, « Je suis la réforme ! »

Les princes d'Orléans ne vous sont pas hostiles, ménagez-leur une entrevue : une entente pourrait aplanir les difficultés et amener une solution au redoutable problème.

La démarche doit être faite par les cadets de la famille. Je suis et reste le maître légitime; qu'ils viennent, je les recevrai avec bonté, courtoisie. honneur; ils sont les enfants de France, ils ont droit à mes égards et même à ma bonté, car je ne veux pas leur imputer la félonie solennelle de 1830 et après la déclaration du duc d'Orléans en 1816.... Je le reconnaîtrai : le comte de Paris..... sera le Dauphin de France, mon légitime et royal héritier. — Le premier de la nouvelle branche Bourbon-Orléans ! —

Ainsi parle le fils de saint Louis, digne de ses ancêtres et de la France.....

Français, choisissez !

Conclusion.

Le comte de Chambord a donc contre lui tous les partis, pharisiens, scribes de l'Empire . de l'Orléanisme et de la République.

Les scribes malhonnètes seraient muselés par lui et empêchés ainsi de gagner un pain souillé.

Les pharisiens, riches et cossus, dédaignent les principes et la religion. Parfois ils assaisonnent d'une plaisanterie de boulevard, de gros sel, leur repas de Lucullus, et le descendant de saint Louis, sans être un chanoine couronné, pourrait leur rappeller qu'au pays très-chrétien on put être impie, mais ne pas l'afficher impunément et en faire parade.

On l'a dit : Le roi est trop honnête... il est impossible ! Hélas, Hélas... en deux mots... Son éloge est notre condamnation.

Nous ne sommes pas dignes de posséder un tel prince..... la verge de Dieu est étendue sur nos têtes. Si par nos prières, la réforme de nos âmes et le retour à la religion du ciel, nous ne désarmons sa main irritée, le règne des scélérats, des Machiavel nous apprendra ce qu'il en coûte de quitter son Dieu et son prince légitime !

Si les rois ont fait la France, la République doit l'anéantir; et la nouvelle Rome, imitatrice de l'ancienne, comme elle, souillée de crimes et persécutrice du peuple chrétien , tombera d'une grande chute.

Revenons à Dieu, à son vicaire, à son Roi, et nous serons sauvés !

Saint-Quentin. — Imp. Jules Moureau.